ATOUT FRANCE

© L'HARMATTAN, 2010
5-7, rue de l'École-Polytechnique ; 75005 Paris

http://www.librairieharmattan.com
diffusion.harmattan@wanadoo.fr
harmattan1@wanadoo.fr

ISBN : 978-2-296-12918-4
EAN : 9782296129184

Jacques Myard

ATOUT FRANCE

L'Harmattan

Ouvrages de l'auteur ou publiés sous sa direction :
- L'euro de tous les risques (1998, F.X. de Guibert)
- La langue française en colère (2000, F.X. de Guibert)
- La laïcité au cœur de la République (2003, L'Harmattan)
- Mondialisation et Europe fédérale, une réponse pour la France ? (2004, F.X. de Guibert)
- La France dans la guerre de l'information - Information désinformation, géostratégie (2005, L'Harmattan)
- Médias sans tabous (2006, CNR)
- La France à l'ère de la mondialisation : les nouvelles perspectives de la politique étrangère française (2009 l'Harmattan)

Rapports d'information parlementaire
- L'Europe et la protection des dessins et modèles (1994)
- Les enjeux de la Méditerranée (1995),
- L'adhésion de la Roumanie à l'Europe en 2007 : une échéance à respecter (2004)
- L'adhésion de la Roumanie à l'UE, c'est la famille (2006)
- Le nécessaire renouveau de la politique industrielle française et européenne (2007)
- La politique des jeux : pour une ouverture maîtrisée (2008)
- Enjeux géostratégiques des proliférations (2009)

Rapports collectifs d'information parlementaire
- Les sectes (1995)
- Les sectes et l'argent(1998)
- Enquête sur la tragédie rwandaise (1998)
- La laïcité à l'école (2003)
- La lutte contre le terrorisme (2004)
- Les sectes et la formation professionnelle (2004)
- Les sectes et la protection de l'enfance (2006)
- La langue française dans l'Europe et le monde (2006)
- Le voile intégral : le refus de la République (2009)
- Quels chemins pour Damas ? (2010)

J'adresse mes vifs remerciements à Odile Rey-Coquais et Catherine Gollnhofer pour leurs conseils avisés et leurs talents de relecture qui ont permis d'améliorer grandement la rédaction de ce livre.

A toutes celles et à tous ceux qui dorment en paix dans cette douce terre de France, et qui, humbles ou célèbres, depuis des millénaires ont construit la nation pour assurer notre avenir, notre liberté.

Sommaire

Introduction	11
1 La nouvelle donne internationale	15
L'avènement de l'ère des puissances relatives	18
Un monde transnational	19
Le logiciel de ce « nouveau monde »	22
2 Le poids de la France	25
Le poids économique	26
Le poids politique	32
La position diplomatique	38
3 Quelle politique étrangère ?	41
Le monde global : une chance pour la France	44
Quel véhicule pour notre politique étrangère ?	45
Comment agir ?	55
La voix de la France	59
4 Nos priorités stratégiques	63
Les zones stratégiques	65
Les défis d'une planète folle	71

5 La cohésion des équipages 79

    Les dérives communautaires 80

    L'importation de conflits étrangers 81

    Pour une République militante 82

Conclusion 85

INTRODUCTION

« Je ne me flatte pas de vous faire comprendre la France. J'ignore si je la comprends moi-même. Je n'essaie pas de la comprendre parce qu'elle ne m'en laisse pas le loisir, elle m'emporte avec elle dans sa grande aventure »

Georges Bernanos

J'ai toujours ressenti la France comme une force indicible, une présence qui imprègne mon esprit, guide mes réflexions et inspire mon action.

L'une de mes collègues des Affaires étrangères, portant par alliance un grand nom français, me déclara un jour : « *Si je n'étais pas française, j'aurais aimé être anglaise.* » Fort étonné, je lui répondis qu'une idée aussi saugrenue ne me serait jamais venue à l'esprit. Elle se ravisa, consciente de sa bévue ; j'avais, me dit-elle, marqué un point.

Etrange manie que celle de nos élites et salonnards de vanter à loisir la prétendue supériorité des modèles étrangers, économique, politique et culturel, pour mieux fustiger et vilipender les errements français.

Je n'ai jamais compris ces intellectuels qui, pour exister, décrient leur pays. Il ne s'agit pas d'ignorer les heures sombres, les injustices commises au cours de notre longue histoire, les crimes restés impunis de certains dirigeants cyniques. Notre histoire en compte beaucoup.

Mais ces intellectuels ont-ils bien saisi qu'en dénigrant la France, c'est eux-mêmes qu'ils méprisent ? Ont-ils compris que leur mode de pensée, leur indépendance d'esprit, leur fronde même, ils les doivent à la culture française, à la France qui n'est jamais aussi grande que lorsqu'elle est rebelle ?

- rebelle à l'envahisseur depuis la nuit des temps

- rebelle à l'injustice immortalisée par l'affaire Calas

- rebelle aux dogmatismes de tous bords.

Oui, je n'ai pas honte de le dire, c'est cette France que j'aime. Et je ne renie pas les moments de gloire, qu'ils soient ceux de nos armes, de nos artistes, de nos savants, de nos écrivains.

Cette France rebelle m'a donné la certitude que rien n'était jamais perdu, que les évidences politiques sont souvent éphémères lorsqu'elles ne s'inscrivent pas dans une logique, le logiciel du fait français. C'est elle qui m'a donné l'indépendance d'esprit pour « *ne pas subir* » selon la devise de Leclerc.

Mais c'est l'histoire de France qui m'a enseigné qu'il n'y a de politique que, à long terme, il faut se garder des « coups », médiatiques surtout. Qu'il me soit permis de relater une anecdote : lors de négociations franco-chinoises qui se déroulaient rue de Rivoli, alors siège du ministère des finances, la délégation chinoise, au fil de multiples rencontres, posait toujours les mêmes questions à la délégation française conduite par Jean-Claude Trichet. Lors d'une pause, ce dernier me dit : « *Ils nous font perdre notre temps* » ; « non », lui répondis-je, « *tu es un homme pressé, la Chine est millénaire et la France éternelle. »*

Il nous faut retrouver, dans notre action et surtout en politique étrangère, le temps long et se garder des réactions immédiates. Il est regrettable et dangereux que les Princes qui nous gouvernent se portent constamment à la pointe de l'actualité, se substituent aux ambassadeurs, aux ministres, les court-circuitent pour prendre l'affaire en main. L'ancien président Valéry Giscard d'Estaing, surnommé le petit télégraphiste de Varsovie, en a fait l'amère expérience en voulant pratiquer cette diplomatie du direct. C'est ainsi qu'en 1989, sans aucune préparation du ministère des affaires étrangères, dans le plus grand secret, il est allé rencontrer Brejnev à Varsovie pour l'inviter à quitter l'Afghanistan. Ce dernier lui confia que l'URSS quitterait ce pays dans les quinze jours... Le président français, naïf, est rentré triomphant à Paris... On connaît la suite. Force est de constater que ses successeurs n'ont pas toujours su tirer les leçons de cette malheureuse expérience.

Certains politiques et intellectuels bien-pensants reprochent aussi à la France sa taille ; elle serait devenue trop petite, elle ne ferait plus le poids face aux mastodontes chinois, indien, américain. C'est d'abord ignorer qu'il n'y a jamais eu dans l'histoire de l'humanité de corrélation entre la taille et la puissance d'un Etat : nombre de batailles ont été remportées par des armées moins nombreuses mais bien commandées et au moral d'acier.

Ces faux prophètes nous proposent que la France disparaisse dans des entités plus grandes, l'Europe, voire l'Otan pour sa défense. Je me suis toujours révolté contre les pseudo-évidences de ces déclinologues professionnels, münichois dans l'âme, dont la seule véritable préoccupation est de vendre de la copie plutôt que de retrousser les manches pour faire vivre la belle aventure française dans le concert des Nations libres.

Je ne me suis toujours fixé qu'une seule mission : poursuivre le combat de la France libre, même au prix de la désobéissance. « *L'esclave dit toujours oui* », nous rappelle Antigone. Je suis persuadé qu'il devra toujours s'élever une flamme française pour alimenter la liberté des hommes.

1

LA NOUVELLE DONNE INTERNATIONALE

« L'homme n'est plus la proie de l'homme mais le monde sa proie »

Henri Michaux

Avant de juger et d'apprécier les capacités de la France à agir sur la scène internationale, avant d'affirmer si elle doit ou non se fondre dans une entité plus grande au risque de perdre sa spécificité, il convient d'analyser la situation de la nouvelle donne mondiale, sa structure, ses modes de fonctionnement, sa dynamique.

Cette analyse est d'autant plus nécessaire que nombre de politiques ou d'experts n'ont guère perçu la portée des changements du monde actuel depuis deux décennies. Tous évoquent un monde multipolaire, mais sans véritablement saisir sa nature et surtout son mode de fonctionnement.

Pendant toute une période, de 1945 à 1990, le monde a vécu sous l'empire du système bipolaire Etats-Unis–URSS, chacune des deux puissances gérant son camp.

L'Europe a cristallisé cette bipolarisation, le continent

étant physiquement coupé en deux par un rideau de fer, selon l'expression churchillienne (discours de Fulton du 5 mars 1946), et le mur de Berlin. Les deux Grands se faisaient face en chiens de faïence en Europe, et se livraient à des luttes et guerres sur d'autres continents : guerre de Corée, guerre par champions interposés en Afrique, affrontements en Amérique latine et à Cuba (1961).

L'Histoire semblait gelée, comme arrêtée et suspendue au bras de fer américano-soviétique.

Certes dans le camp occidental plusieurs initiatives ont-elles essayé de faire bouger les lignes.
Le Général de Gaulle fait sortir la France du Commandement intégré de l'OTAN en 1966, après le refus américain de donner une suite favorable à un pilotage à trois de l'OTAN associant la France, la Grande-Bretagne et les Etats-Unis. Il lance également plusieurs initiatives en direction du camp soviétique sur le thème entente – détente – coopération.
Du côté allemand, Willy Brandt lance son Ostpolitik. Mais ni le Général de Gaulle ni W. Brandt surtout – accusé parfois de vouloir négocier la réunification de l'Allemagne contre sa neutralité – n'ont réussi à casser ce monde bipolaire alors même qu'ils le condamnaient.
Faisant suite à la Conférence de Bandung de 1955, lancée à l'initiative de Nasser, Nehru, Soekarno et de Chou En-Laï, le mouvement des non alignés est créé au Sommet de Belgrade en 1961 ; il n'échappe pas à cette bipolarisation, chaque camp ayant en son sein des partisans.

Un fait capital survient avec la signature, le 1er août 1975, de l'Acte d'Helsinki. L'Acte d'Helsinki n'est pas un traité, mais un document politique de bonnes relations entre l'Est et l'Ouest dont l'impact a été déterminant sur l'évolution des relations internationales. Ce texte en 10 points (Décalogue d'Helsinki) prévoyait notamment au point VII le respect des Droits de l'homme et les libertés fondamentales, y compris la liberté de pensée, de conscience, de religion ou de conviction.

L'Acte d'Helsinki fonctionne comme un véritable logiciel de libéralisation de l'Est. L'empire soviétique craque, notamment sous les coups de boutoir des oppositions aux régimes en place en Pologne - Solidarnosc et l'Eglise y jouèrent un rôle décisif -, ainsi qu'en Hongrie.

Le 9 novembre 1989, le Mur de Berlin tombe, un monde s'écroule. Peu après, le 25 décembre 1991, l'URSS disparaît.

Certains commentateurs avisés déplorent ces événements en ces termes : « on est trahi par l'ennemi », rendant ainsi un hommage ironique au temps de la guerre froide où les choses étaient simples : il y avait d'un côté les Rouges, l'ennemi soviétique, de l'autre les Bleus, le camp de la liberté formé par les démocraties occidentales.

Ce monde bipolaire, manichéen, avait au moins l'avantage de la simplicité.

Désormais, tout change, tout bouge, l'avenir devient incertain.

A quoi ressemble le monde actuel ?

Il se caractérise par deux éléments majeurs :
- l'avènement de l'ère des puissances relatives
- le développement formidable des relations transnationales avec de multiples acteurs privés.

De ces deux facteurs structurants est né un nouveau mode de fonctionnement de la scène internationale.

L'avènement de l'ère des puissances relatives

Peu après la fin de l'URSS, certains experts affirment sans ambages que la messe est dite. L'Amérique et le libéralisme économique triomphent, c'est la fin de l'Histoire, prédit le chercheur Fukuyama en 1992 dans un ouvrage fameux.

Hubert Védrine peut alors qualifier les Etats-Unis d'hyperpuissance, seule puissance mondiale capable à ses yeux d'agir unilatéralement, sans limite, et sans que quiconque puisse rivaliser avec eux.

La suite des événements a amené H. Védrine à nuancer son jugement tout en maintenant le concept d'hyperpuissance dans un article « *Les limites à l'unilatéralisme de l'hyperpuissance* » à un ouvrage collectif « *Face aux désordres du monde »,* paru en Juin 2005.

La réalité est sans appel : les Etats-Unis ont rapidement trouvé leurs limites dans l'affaire irakienne. Leur puissance militaire ne pouvait venir à bout d'une guerre asymétrique.

De plus, lorsque l'on examine le tableau du poids économique et militaire des Etats, on assiste à la montée en puissance des BRIC, Brésil, Russie, Inde et Chine, cette dernière se hissant même au deuxième rang en terme de PIB derrière les Etats-Unis. Elle a pour conséquence d'amener à un recalage structurel de poids relatif de la puissance américaine.

Les Américains en sont d'ailleurs très conscients. Dans une étude du Conseil national du Renseignement américain, intitulée « *Les Tendances globales pour 2025, un monde transformé* », de novembre 2008 (accessible sur www.dni.gov/NIC_2025_project.html), ils analysent avec lucidité leur perte de suprématie ; les auteurs relèvent : « *Les Etats-Unis auront moins de pouvoir dans un monde multipolaire qu'ils n'en ont bénéficié pendant des décennie* ».

Mais la nouvelle donne internationale ne se limite pas à un rééquilibrage de la puissance des Etats entre eux.

UN MONDE TRANSNATIONAL

La scène internationale se caractérise également par la formidable montée en puissance des acteurs non étatiques.

Certes, le phénomène n'est pas nouveau. Il a toujours existé des actions privées transfrontières avec, par exemple, les Eglises dès leur fondation, ou au 19e siècle les syndicats ouvriers.

Mais ce phénomène s'est considérablement amplifié ces dernières années en raison des moyens de communication modernes : avions, téléphone, télévision et aujourd'hui internet. Nous vivons désormais dans une planète Internet qui a transformé le monde en village planétaire.

La notion de proximité géographique est devenue toute relative. Au 19e siècle, la France était proche de la Belgique, de l'Allemagne et de l'Angleterre. Aujourd'hui, nous sommes toujours proches de ces pays. Mais nous « cotoyons » aussi le Japon, la Chine et les Etats-Unis grâce aux moyens de communication à notre disposition.

Cela peut apparaître comme une évidence de Monsieur de La Palisse, mais il n'est pas certain que nous en ayons tiré toutes les conséquences en terme de choix politique. Nous y reviendrons.

Ce monde transnational est multiple. On y trouve :

- des sociétés multinationales, celles du CAC 40 ou du Nasdaq, certaines sont plus puissantes en terme économique que des Etats. Elles font fi des instances étatiques et jouent délibérément la carte de l'action globale.
- des milliardaires qui peuvent pour leur plaisir et leurs intérêts acheter des gouvernements.
- des organisations non gouvernementales (ONG) ; l'ONU en a dénombré plus de 20 000 dans tous les secteurs : l'humanitaire avec Médecins sans frontière, les Droits de l'Homme avec Amnesty International, ATD Quart Monde, l'économie avec Attac, l'écologie avec les Amis de la Terre, le religieux etc.

Parallèlement aux multinationales et aux ONG, le monde du crime s'est approprié la globalisation et s'est fortement développé dans de très juteux trafics.

Les trafics de drogue, les réseaux de la prostitution et de la pornographie sur Internet atteignent des chiffres d'affaires fabuleux. Le chiffre d'affaires du crime organisé dépasserait, selon Alain Bauer, criminologue, auteur de « *La face noire de la mondialisation* » (2009) les 1 500 milliards d'euros… – sans compter la fraude fiscale. Rappelons que le PIB de la France s'établit à 2 000 milliards d'euros environ.

Des zones entières échappent à tout contrôle et vivent sous le joug des narco-trafiquants, comme en Amérique latine, au Mexique à la frontière des Etats-Unis.

Il n'est pas exagéré d'affirmer que le crime organisé est devenu une véritable « Internationale » qui a ses propres règles, ses objectifs, méprisant toutes les lois des Etats.

Le terrorisme, dont les motivations déclinent toutes les idéologies fanatiques et les enjeux mondiaux, s'est moulé dans la globalisation, et livre une guerre asymétrique, utilisant des moyens toujours plus inventifs pour frapper là où l'on ne l'attend pas.

Enfin, la mondialisation est aussi celle des virus ; les pandémies se propagent à la surface du globe de façon extrêmement rapide et obligent les Etats à de nouvelles formes de coopération pour prévenir et contrer leur développement.

Impact du monde transnational

Ce monde transnational fonctionne très souvent en réseau, grâce aux moyens de communication modernes et, notamment, Internet qui propage une culture transfrontière.

Mais c'est aussi le monde parfait des manipulations et des désinformations en tout genre dont les commanditaires peuvent être les Etats, les multinationales ou de simples acteurs privés (Cf « *La France dans la guerre de l'information* » J. Myard, L'Harmattan, 2005).

Les éléments les plus caractéristiques de ce monde transnational exercent chacun une influence dans leur domaine propre. Mais leur globalité dépasse très largement leur fonctionnalité individuelle pour former un monde en soi dont les effets concourent à l'émergence d'une conscience universelle.

Tout comme le monde des Etats et des organisations internationales, le monde transnational contribue à façonner une communauté internationale. Certes, cette communauté demeure très imparfaite. Il n'est pas certain qu'elle atteigne avant longtemps le degré de cohésion, voire de solidarité de l'opinion publique nationale. Cependant, plus aucun Etat ne peut ignorer son existence, pas même la Chine dont les gouvernants emploient tous les moyens pour isoler leur opinion des influences externes ou présenter leur pays sous un jour favorable à l'opinion publique internationale. Pour la Chine aussi, Internet est un enjeu d'importance.

LE LOGICIEL DE CE « NOUVEAU MONDE »

La nouvelle donne internationale caractérisée par le poids des puissances relatives et un monde transnational de plus en plus prégnant a engendré un nouveau mode de fonctionnement de la scène internationale.

Elle répond désormais à une dynamique propre, une sorte de nouveau logiciel.

Lors du monde bipolaire, toute question internationale était ramenée à un affrontement Est-Ouest, chaque camp voyant dans le problème posé une manœuvre de l'autre pour le déstabiliser ou le mettre en difficulté. Il en allait ainsi des questions du désarmement, des initiatives de paix telles l'Appel de Stockholm du 19 mars 1950, d'inspiration communiste, qui est perçu en Occident comme une conspiration.

Désormais, plus rien ne fonctionne de cette manière, les coalitions se forment et se dissolvent selon les intérêts des uns et des autres, selon les idéologies dominantes dans chaque pays.

Tout est en mouvement. Les alliances peuvent se nouer et se dénouer ; c'est ainsi que la France apporte son total soutien aux Etats-Unis après les attentats du 11 septembre 2001 et s'engage avec eux en Afghanistan, en revanche, elle refuse de le faire en Irak.

Pour paraphraser D. Rumsfeld, l'ancien secrétaire d'Etat américain à la Défense, « la mission commande la coalition » ; il s'exprimait, certes, sur le fonctionnement de l'OTAN, défendant l'idée que tous les Etats de l'Alliance n'avaient pas à agir toujours tous ensemble.

Le monde fonctionne selon des enjeux. C'est l'enjeu du moment qui commande les alliances. Les exemples des crises internationales récentes sont probants à cet effet.

- *la guerre d'Irak* (mars 2003) : malgré de multiples pressions et manipulations des Etats-Unis, nombre d'Etats européens, dont la France et l'Allemagne, se sont refusés à se joindre à la coalition pour attaquer l'Irak.

- *la question du Tibet* (mars 2008) : lors des manifestations à Lhassa et de la répression qui a suivi, les Etats européens, les Etats-Unis, le Canada, l'Australie ont retrouvé une unité « occidentale » dénonçant les agissements de la Chine. Il est vrai que cette unité s'est rapidement arrêtée à la défense des intérêts commerciaux et à l'ouverture des Jeux olympiques…

- *le réchauffement climatique* : sur ce dossier, la planète s'est balkanisée à outrance ; d'un côté, les Etats européens, dont la France, sous l'impulsion d'un mouvement de fond écologiste, militent pour la réduction d'émission de CO_2, de l'autre les Etats-Unis, mais aussi la Chine et les pays émergents se montrent récalcitrants. Ces derniers estiment qu'ils n'ont pas à payer pour les vieux pays industriels et leurs excès et veulent avoir leur part du gâteau. Quant aux Etats-Unis, fidèles à leur politique d'unilatéralisme, ils ne veulent pas être liés par un traité multilatéral.

L'analyse de la situation internationale montre que ce nouveau monde fragmenté, agité d'un mouvement brownien, s'organise selon un principe : les coalitions s'ajustent selon l'enjeu du moment.

Dans ce contexte, un Etat peut agir grâce à la puissance des autres. Tout se joue dans sa capacité d'entraînement à mobiliser les autres pour former une coalition adhoc. C'est là le génie de l'ère des puissances relatives de pouvoir constituer des coalitions appuyées parfois par les réseaux transnationaux qui se mobilisent pour diverses causes.

Dès lors, la seule question qui vaille est la suivante : la France a-t-elle la capacité de mobiliser une coalition, d'attirer à sa cause d'autres Etats pour faire valoir ses vues ?

2

LE POIDS DE LA FRANCE

« Il y a une volonté française de vouloir »

Hubert Védrine

Qui n'a jamais entendu « *La France, c'est fini* », « *Nous ne faisons plus le poids, nous devons nous regrouper avec les autres Etats européens* » ou « *Nous devons jouer la carte transatlantique* » ?

Les aphorismes de ce genre sont nombreux, nos dirigeants n'étant pas en reste. On se souvient de la déclaration du président Valéry Giscard d'Estaing : « *La France, une puissance moyenne* », ou de François Mitterrand « *La France est notre patrie, mais notre avenir, c'est l'Europe* ».

Quant à l'atlantisme, il a été défendu avec conviction aussi bien par la gauche socialiste que par des libéraux comme Edouard Balladur.

Qu'en est-il vraiment ?

LE POIDS ECONOMIQUE DE LA FRANCE

Quelles que soient les critiques qui ont été exprimées sur l'agrégat économique du PIB comme l'a souligné le rapport Stiglitz « *Aller au-delà du PIB* » récemment, il demeure un indicateur probant de la richesse d'un pays.

En 2008, juste avant la crise mondiale, le PIB de la France s'établissait en valeur à 1950 milliards d'euros. La France se situait à cette date en 5e position mondiale sur 195 pays, derrière les Etats-Unis, le Japon, la Chine et l'Allemagne et devant le Royaume-Uni et l'Italie.

Selon les projections effectuées par les Américains « *Les tendances globales en 2025, un monde transform*é » (opus cité), à l'horizon 2025, la France figurera toujours dans les huit principales économies mondiales, en 6e position, au coude à coude avec le Royaume-Uni.

A ces chiffres macro-économiques, il convient d'ajouter que la France possède des entreprises de premier plan, puisque 8% d'entre elles comptent parmi les 500 premières entreprises mondiales, dont 10 parmi les cents premières.

Certes, la part de la France dans l'économie mondiale a diminué, ce qui correspond à l'ascension des pays émergents dans les échanges internationaux et à la naissance du monde des puissances relatives.

Néanmoins plus inquiétante est la baisse des exportations françaises dans la zone euro.

La part française des exportations en volume des biens et

services dans celles de la zone euro est de 13,9% en 2010, alors qu'elle atteignait 19% en 1991-1992.

Part des exportations de la France, de l'Allemagne, et de l'Italie dans les exportations de l'OCDE

En %	1990	1999	2008
France	8,2	7,8	6,3
Allemagne	15,7	13,2	14,8
Italie	6,5	5,8	5,5

Part des exportations de la France sur les exportations de l'Allemagne

1990	1999	2008
51,70%	55,70%	40,60%

Part des exportations françaises et allemandes dans les exportations mondiales

En %	1990	1999	2008
France	6,5	5,3	3,8
Allemagne	12,3	9,7	9,3

La perte de compétitivité de l'économie française est sensible. Elle est largement imputable aux questions monétaires, la surévaluation de l'euro pénalisant nos exportations, et à la baisse sensible des investissements productifs.

Cette situation doit amener à nous interroger si les choix économiques qui ont été faits ces dernières années, voire ces dernières décennies, ont été les plus judicieux pour la France.

Macro choix, macro fautes ?

— Sur le plan interne

Le choix des 35 heures a été fortement dommageable pour les PME et la compétitivité de l'économie.
Les Allemands ne s'y sont pas trompés, le chancelier Schroëder jugeant de manière sarcastique que les 35 heures étaient excellentes pour l'économie allemande. Les 35 heures ont nettement déstabilisé l'équilibre des comptes publics de notre pays, Sécurité sociale et budget de l'Etat. Le coût de cette mesure représente plus de 15 milliards d'euros qui sont prélevés chaque année pour être alloués à la Sécurité sociale. Ainsi la réduction du temps de travail, compte tenu des contraintes de continuité de service public dans les hôpitaux, a-t-elle durement pénalisé les budgets hospitaliers.

La fiscalité sur le patrimoine

L'impôt de solidarité sur la fortune (ISF) a été également une faute majeure, imputable au seul gouvernement français puisqu'il a chassé hors de France plus de 130 milliards euros qui sont allés créer des emplois partout dans le monde sauf en France.

Le produit de cet impôt, 3 ou 4 milliards d'euros par an, est sans commune mesure avec les dégâts qu'il provoque.

Il doit être aboli, ce qui permettra de supprimer le bouclier fiscal institué légitimement pour corriger les aberrations de cet impôt en 2007. Il conviendra ensuite de reprofiler l'impôt sur le revenu (IRPP) en créant une nouvelle tranche. Ce système de taxation des revenus ne provoquera pas de fuite des capitaux, de démantèlements d'entreprises au détriment de l'économie française et des emplois. Au surplus, le réseau international des conventions fiscales bilatérales est suffisamment efficace pour éviter les fraudes à l'IRPP, alors qu'aujourd'hui la fuite des capitaux est devenue un sport national imparable.

La fiscalité doit concilier deux choses importantes, l'efficacité économique et la justice, et c'est possible ! On ne saurait oublier qu'en raison de la fiscalité excessive sur le patrimoine – l'épargne française, 16% en moyenne des revenus disponibles, est l'une des plus élevées au monde -, la France est championne du monde pour les exportations des capitaux.

La sortie nette des capitaux français pour la décennie 1996-2005 s'établit à 379,1 milliards d'euros, loin devant les Etats-Unis selon les chiffres tirés du rapport au Premier ministre : « *La France 2025 – diagnostic stratégique* ».

L'euro et la politique monétaire de la BCE

La Banque centrale européenne sous l'influence de l'Allemagne a pratiqué une politique monétaire restrictive, privilégiant la lutte contre l'inflation, grandement imaginaire, provoquant une forte surévaluation de l'euro par rapport au dollar, au yen et au yuan, ralentissant les exportations françaises, et engendrant des délocalisations à l'étranger.

Il faut préciser que la création de l'euro lui-même dans

une zone non optimale rend pratiquement impossible toute politique monétaire adaptée à la situation économique de chaque pays de la zone. Relevons, à titre d'exemple, que c'est la perte de compétitivité de son économie (- 40%) et non le déficit de ses comptes publics qui a plongé la Grèce dans la crise actuelle. Son déficit en est la conséquence et non la cause.

La mondialisation non maîtrisée

Le marché commun a été créé sur le modèle du Zollverein – une union douanière – avec une protection douanière efficace, un tarif extérieur commun et un principe, la préférence communautaire.

Ce tarif extérieur commun a été régulièrement réduit sous l'impulsion du GATT puis de l'Organisation mondiale du commerce (OMC) qui lui a succédé à partir de 1996, au cours de négociations commerciales internationales successives qui ont abaissé les droits de douane et les quotas d'importation. Plusieurs « Rounds » de négociation se sont enchaînés, le plus long de l'histoire étant le cycle de l'Uruguay round (1994).

Aujourd'hui, le tarif extérieur commun s'établit en moyenne à 4% ad valorem des biens importés dans l'Union européenne.

Puis, en 2001, l'Union européenne et les Etats-Unis, convoitant le marché intérieur chinois, font entrer la Chine à l'OMC sans exiger de Pékin qu'il rende convertible sa monnaie et la laisse flotter.

Il en est résulté un formidable avantage comparatif

commercial pour la Chine qui est devenue l'usine du monde. Les termes de l'échange entre les Etats européens et les pays émergents, la Chine et l'Inde, sont grandement à l'avantage de ces derniers. Ce qui coûte 50 euros en Europe est vendu pour un ou quelques euros dans ces pays.

On se reportera avec intérêt à l'ouvrage de Maurice Allais, Prix Nobel d'économie, récemment disparu : *« La mondialisation ou la fin de la croissance et la montée du chômage»*. M. Allais est l'un des rares économistes à avoir justement apprécié les conséquences d'une ouverture non contrôlée des frontières douanières de l'Europe sur l'économie française.

Le « tout concurrence » de Bruxelles

Parallèlement à l'ouverture totale des frontières douanières, Bruxelles a adopté le dogme du « tout concurrence », l'Etat ne devant surtout pas intervenir en vertu de la doctrine du *Plain level field*.

La politique industrielle devient un gros mot, à bannir, alors qu'elle fut à l'origine des succès économiques français, en matière spatiale, nucléaire, alimentaire et électronique avec la production de gros ordinateurs, et alors même que nos concurrents, la Chine, l'Inde, les Etats-Unis, la Corée du Sud ne se privent pas d'avoir une politique d'aide et de contrôle des investissements étrangers et favorisent de multiples manières leurs entreprises dans leurs marchés (cf le rapport parlementaire de J. Myard et J. Lambert sur *« Le nécessaire renouveau de la politique industrielle française et européenne »*, février 2007).

Fort heureusement, il existe désormais une prise de conscience des faiblesses industrielles de la France. Le Gouvernement conduit une politique industrielle réaliste et volontaire qui repose sur une série d'actions : le développement de pôles de compétitivité, la réduction de la fiscalité sur les entreprises (réforme de la taxe professionnelle), l'accent mis sur les dépenses publiques d'investissement industriel malgré la crise, l'institution d'un crédit d'impôt-recherche, la mise en place d'un Fonds Stratégique pour aider les entreprises innovantes.

Cette politique doit, cependant, être complétée par une modification des Traités européens afin d'inclure au niveau communautaire le concept de politique industrielle qui fait aujourd'hui défaut.

Le poids politique de la France

La France n'est pas seulement une puissance économique. Elle est aussi et surtout une puissance politique qui repose sur plusieurs éléments.

Sur le plan militaire

La France en Europe, en dehors de la Russie, est la seule puissance à posséder la panoplie complète des armes nécessaires à la défense de sa souveraineté, une force de dissuasion nucléaire totalement sous le contrôle du chef de l'Etat, des forces conventionnelles en passant par la maîtrise du renseignement satellitaire.

Sur le plan mondial, sa capacité nucléaire indépendante la place en 3ᵉ ou 4ᵉ position derrière les Etats-Unis, la Russie, à égalité aujourd'hui avec la Chine, mais devant le Royaume-Uni dont les forces nucléaires ne sont pas indépendantes et sont sous le contrôle de Washington.

— Il va de soi que c'est une nécessité absolue que de maintenir cette position et d'effectuer les investissements permettant le renouvellement et la modernisation de nos forces. Il est heureux de constater que la France, malgré la rigueur budgétaire, maintient sa garde en matière d'investissements. On doit, néanmoins, regretter que le nombre des unités aient fortement réduit alors que la situation internationale devient de plus en plus précaire et menaçante. Il est impératif que la France consacre au minimum 2% de son PIB à sa défense, sa part actuelle étant de 1,6% seulement de la richesse nationale.

L'Histoire nous a trop souvent enseigné que toute faiblesse dans ce domaine est une faute sans appel.

Sur le plan culturel

Vue de l'étranger, la France est une hyperpuissance culturelle.

Ce n'est pas du chauvinisme que de le dire, mais ses artistes, ses écrivains, ses cinéastes, ses savants, ses penseurs, et surtout son esprit rebelle, capable du meilleur - mais aussi du pire, lui donnent une spécificité reconnue dans le monde entier. La France apparaît comme un formidable laboratoire d'idées, à l'avant-garde dans maints domaines. Porteuse d'un message d'universalité du fait de l'Histoire, elle participe pleinement à l'élaboration des débats et des concepts contemporains.

Son art de vivre est unanimement envié.

Il n'est pas aisé de quantifier cette influence, mais elle est bien réelle. Par exemple, l'ambassade de France aux Etats-Unis organise ou parraine bon an mal an 550 manifestations culturelles françaises à travers tout le pays qui rencontrent un grand succès populaire. Le réseau des établissements français à l'étranger est un réseau scolaire unique au monde, présent dans 130 pays, regroupant 460 établissements qui bénéficient à 250 000 élèves. Quel qu'en soit le coût, ce réseau doit être maintenu et développé, il participe directement à l'efficacité de notre stratégie d'influence.

Cette politique constitue le support d'une politique d'influence qui doit être le relais actif de notre diplomatie.

Toutefois, gardons-nous de toute illusion : comme le soulignait l'un de nos ministres des affaires étrangères, « *ce n'est pas parce que nos femmes sont courtisées, que notre art de vivre plaît, que la France est aimée.* »

En complément de cette politique culturelle, on ne peut passer sous silence **la langue française et la francophonie**, qui regroupe près de 200 millions de locuteurs à travers le monde, répartis sur les cinq continents.

Certes, le français n'est plus la langue universelle qu'elle fut au 18e siècle, mais dans un monde qui tend vers le multilinguisme, sa pratique constitue un atout qu'il est de notre devoir de renforcer. A la condition que nos propres élites ne le méprisent pas en ânonnant un « globish » aliénant et ridicule !

Ajoutons, enfin, que si la presse française n'atteint pas le tirage des quotidiens anglais, allemands ou américains, notre pays dispose avec l'Agence France Presse (AFP) de l'une des principales agences de presse au monde qui fait jeu égal avec l'Associated Press et Reuters. Il est impératif que l'Etat continue de lui apporter son soutien. L'AFP constitue un moyen d'information et donc d'influence irremplaçable.

La politique audiovisuelle extérieure est également un vecteur d'influence primordiale sur la scène du monde : l'Audiovisuel Extérieur de la France (France 24, TV5Monde et RFI) doit nous permettre de gagner en cohérence et en efficacité pour développer une véritable stratégie d'influence internationale.

L'attraction touristique

La France est aujourd'hui la première destination mondiale des touristes étrangers, avec plus de 80 millions de visiteurs par an. La France vend non seulement des nuitées hôtelières qui s'accompagnent de dépenses en tout genre bénéfiques pour notre commerce - l'industrie touristique représente 6 à 7% de son PIB, ce qui n'est pas négligeable - mais elle vend surtout un mode de vie.

Même si Madrid, Rome, Berlin sont des villes non dénuées de rayonnement, Paris demeure une capitale phare, mythique, au pouvoir d'attraction intacte en terme de musées, de création, de monuments, un centre intellectuel de premier plan, dont la renommée internationale dans tous les domaines dépasse largement le poids économique ou démographique.

La formation des hommes et la recherche

Malgré de nombreuses critiques, le système éducatif français demeure parmi les meilleurs au monde.

Le budget de l'éducation nationale est le premier budget de la nation avec 60 milliards d'euros de crédits en 2009, celui de l'enseignement supérieur et de la recherche est de 24 milliards d'euros. En comparaison, le budget de la défense se monte à 37 milliards d'euros.

La France figure parmi les pays d'Europe qui consacrent le plus de crédits pour l'enseignement secondaire (2,81% du PIB). En revanche, elle a trop délaissé ses universités jusqu'en 2007. Heureusement, un sérieux effort qui représente plus de 3,7 milliards d'euros a été entamé depuis en leur faveur. Il s'est traduit, en particulier, par l'adoption de la loi sur l'autonomie des établissements supérieurs. On compte aujourd'hui 2,2 millions d'étudiants dont 212 000 étudiants étrangers, ce qui prouve l'attractivité du système français de formation.

En complémentarité des universités, les grandes écoles forment de nombreux ingénieurs ainsi que des cadres financiers et commerciaux dont la qualité rivalise avec les plus prestigieuses universités anglaises, américaines ou allemandes, et ce, quel que soit le crédit à accorder au fameux classement de Shangaï qui évalue les plus grandes universités mondiales.

La France forme 28 000 ingénieurs par an, ce qui constitue un chiffre remarquable si on le compare aux 30 000 ingénieurs formés en Allemagne et aux 22 000 formés aux

Etats-Unis...

Néanmoins, la part de R&D dans le PIB s'établit à 2,1%, ce qui est loin de l'objectif de 3% fixé par la Stratégie européenne de Lisbonne.

La France possède des instituts de recherche de rang international, l'institut Pasteur, l'institut Curie, l'institut Mérieux, le Commissariat à l'énergie atomique (CEA), le CNRS, l'INRA, ou encore l'INRIA, dont les travaux sont reconnus mondialement.

Une jeunesse formidable

La France a la grande chance d'avoir une jeunesse formée, engagée et motivée même si un trop grand nombre de jeunes sort encore du système scolaire sans diplôme.

Il est faux de croire que la jeunesse française soit à l'image de ces quelques milliers de jeunes en voie de marginalisation, issus de banlieues ou quartiers dits « sensibles » qui font malheureusement la Une médiatique.

Il faut aussi tordre le cou à ces propos sentencieux sur la génération d'aujourd'hui qui ne serait plus au niveau de ses aînés et incarnerait la décadence. Ces propos ne reflètent pas la réalité de notre jeunesse. Il s'agit là d'une antienne des bien-pensants ou d'esprits chagrins sur laquelle on ne doit pas s'attarder.

Il suffit pour s'en convaincre de citer quelques grands classiques ; aucun n'a échappé à ce travers et leurs propos prêtent à sourire :

« *Je n'ai plus aucun espoir pour l'avenir de notre pays si la jeunesse d'aujourd'hui prend le commandement demain, parce que cette jeunesse est insupportable, sans retenue, simplement terrible.* » (Hésiode, 720 av. J-C))

« *Notre jeunesse est mal élevée, elle se moque de l'autorité et n'a aucune espèce de respect pour les Anciens. Les enfants d'aujourd'hui ne se lèvent pas quand un vieillard entre dans une pièce. Ils répondent à leurs parents et bavardent au lieu de travailler. Ils sont tout simplement mauvais* » (Socrate, 470-399 av J-C)

LA POSITION DIPLOMATIQUE DE LA FRANCE

Membre permanent du Conseil de sécurité de l'ONU, acteur important dans la plupart des organisations internationales, à la tête du vaste mouvement de la Francophonie, possédant toujours le 2e réseau diplomatique au monde derrière les Etats-Unis malgré une déflation inadmissible des effectifs diplomatiques, la France a la capacité singulière de mobilier ses partenaires sur les sujets internationaux variés :

- le réchauffement de la planète,
- l'aide au développement,
- les questions de la prolifération
- la régulation financière et la stabilisation de matières premières.

La France est à l'origine du G20 qui constitue sans doute le précurseur d'une gouvernance mondiale en liaison avec les

Nations-Unies. Le G20 regroupe non seulement les membres du G8 dont les Etats-Unis, la Russie, le Royaume-Uni, l'Allemagne et la France mais aussi les Etats émergents comme le Brésil, l'Inde, la Chine, ce qui lui donne une réelle représentativité des principales économies du monde.

Mais au-delà des facteurs matériels, n'oublions pas que la position diplomatique de la France, parmi les plus prééminentes de la planète, elle le doit à son histoire mais aussi à l'action volontaire du général de Gaulle qui a fait de l'indépendance nationale, de la maîtrise du destin national le point cardinal de sa politique en lui conférant les moyens militaires nécessaires.

3

QUELLE POLITIQUE ETRANGERE ?

> *« Il n'y a que deux puissances au monde, le sabre et l'esprit ; à la longue, le sabre est toujours vaincu par l'esprit. »*
>
> Napoléon Bonaparte

> *« Ce n'est pas à cause des étoiles que nous sommes devenus esclaves, Brutus, mais à cause de nous-mêmes. »*
>
> Shakespeare, *dans « Jules César »*

Les Français, il faut en convenir, ne sont guère intéressés par la politique étrangère. Aucune élection nationale ne se joue réellement sur ce thème.

Toutefois, l'influence croissante du monde global sur la situation intérieure commande d'apprécier à sa juste valeur nos choix et nos moyens d'action extérieure, pour préserver notre indépendance nationale et, en définitive, notre liberté.

La politique étrangère dans ce monde global et transnational, est devenue un enjeu de politique intérieure, que nous le voulions ou non.

Nous devons agir en conséquence pour utiliser les mouvements qui agitent le monde et qui sont de nature à nous atteindre en bien ou en mal.

Avant d'analyser ce que doit être notre politique étrangère, il convient de préciser les objectifs d'une politique étrangère.

Mais au préalable, un peu de sémantique : faut-il parler de politique étrangère ou de politique extérieure ?

Politique étrangère ou extérieure ?

Il est de tradition que le ministère dédié soit appelé ministère des Affaires étrangères mais il est vrai que sous la révolution et le directoire, Charles-Maurice de Talleyrand-Périgord fut ministre des Relations extérieures, Claude Cheysson le fut également sous la présidence de François Mitterrand.

Si l'on s'en tient au sens ordinaire des mots, « la politique extérieure » traduit bien l'état actuel de la situation internationale, il y a le domaine intérieur et le domaine extérieur. Toutefois, même si la réalité physique du monde global peut être décrite de cette manière, cette notion occulte une valeur fondamentale, celle de l'extranéité, de l'étranger.

Or, la notion d'étranger par rapport au national, est un clivage que l'on ne peut pas ignorer ; à défaut, on tombe dans la béatitude, en concevant un monde utopique qui n'existe pas. Le monde est composé de différentes cultures, de nations, c'est une réalité politique. Voilà pourquoi il est préférable d'utiliser le concept de « politique étrangère » plutôt que celui de « relations extérieures ».

Objectifs de la politique étrangère

Les objectifs de la politique étrangère sont doubles à mes yeux :
- organiser la sécurité internationale, prévenir et résoudre les conflits, préserver notre sécurité
- défendre nos intérêts nationaux, nos conceptions et principes sur la scène internationale.

Il est utile de rappeler des évidences : priorité à la défense de nos intérêts.

Michel Debré n'avait-il pas déclaré sous la IVe République : « *Je ne comprends pas pourquoi les puissances entretiennent des Ambassades à Paris, elles ont le quai d'Orsay !* » ? Le cri de colère de ce grand serviteur de l'Etat dénonçait à juste titre la culture du compromis, du « pas de vagues » qui caractérise parfois notre diplomatie.

Défendre nos intérêts doit donc être une priorité constante, personne ne le fera à notre place. Nos alliés, que l'on dénomme un peu trop vite « nos amis », sont aussi et surtout nos concurrents dans de nombreux domaines. On se remémorera avec sagesse que nos partenaires européens, sans parler des Américains, n'hésitent jamais à nous tailler des croupières et à dénigrer la France dès lors qu'ils estiment être en concurrence.

L'histoire des ventes d'armement foisonne de coups bas venant de nos « chers alliés », notamment américains. Ayons toujours en mémoire la phrase de Virgile : « *Jamais de confiance dans l'alliance avec un Puissant* ».

De même, gardons-nous de fanfaronner sur des contrats à

l'exportation avant qu'ils ne soient réellement signés et définitivement acquis ! Le domaine de l'international est avant toutes choses celui des réalités froides et sans âme. Comme le disait le Général de Gaulle, « *Les Etats n'ont pas d'amis* ».

LE MONDE GLOBAL : UNE CHANCE POUR LA FRANCE

Caractérisée par son interdépendance, favorisant de multiples liaisons, l'ère des puissances relatives issue de ce monde global constitue une réelle chance d'action pour la France. Le nouveau jeu des relations internationales a rouvert de multiples possibilités d'actions sur l'ensemble des enjeux internationaux alors qu'elles étaient restreintes et contraintes dans le monde bipolaire. C'est la chance de la France qui a la puissance, l'expérience, les moyens militaires et diplomatiques, pour prendre des initiatives, se faire entendre pour faire prévaloir ses positions.

Il n'existe plus réellement d'hyperpuissance. En réalité, toutes les luttes vont se mener sur un plan asymétrique, du faible au fort. Avec peu de moyens, mais d'un niveau suffisant, un Etat pourra contrer les menaces d'un Etat plus fort. Cela est déjà vrai en matière nucléaire, mais cela devient vrai aussi en matière économique, avec le concours de l'intelligence économique, ou en matière de propagande, sans parler de manipulations des opinions publiques.

Moins que jamais n'existe de corrélation systématique entre la taille et la puissance des Etats. Les possibilités d'alliances, de coopération et d'action pour les Etats sont amplifiées par la globalisation elle-même.

La notion de proximité devient relative, la géographie n'est plus un obstacle, les Etats nouent des alliances avec des partenaires à l'autre bout de la planète, tout comme les entreprises. Renault s'est ainsi alliée avec le japonais Nissan.

En revanche, en matière de stratégie d'influence, y compris militaire, la problématique est différente, il vaut mieux se concentrer sur des zones plus proches qui sont pour la France l'Europe, l'Afrique et le Proche-Orient.

QUEL VÉHICULE POUR NOTRE POLITIQUE ETRANGERE ?

Cette question peut apparaître étrange, mais elle est, en réalité, fondamentale.

L'alternative est la suivante :
- pour les uns, la France doit appartenir à un ensemble plus vaste afin de se faire entendre.
- pour les autres, ce dépassement est utopique, l'Etat-nation doit demeurer le cadre fondamental de l'action de la France. Telle est, vous l'avez deviné, ma position.

L'Europe est-elle la réponse à l'avenir de la France ?

Il était légitime que le traumatisme de deux guerres mondiales pousse les Etats européens à reconsidérer leurs rapports pour s'affranchir d'un nationalisme étroit et destructeur.

Dès lors, une seule réponse permettait de relever ce défi : bâtir une Europe intégrée, une Europe fédérale. L'axiome de base, c'était l'Europe intégrée, synonyme de paix. De traités en traités, les Etats européens ont uni solidairement leur destin d'abord grâce au charbon et l'acier - ce fut le traité CECA- , puis à l'atome à travers Euratom.

Le traité de Rome de 1957 établit le marché commun fondé sur la libre circulation des marchandises, des hommes, des capitaux et des services ; l'Acte unique de 1986 transforme le marché commun en marché unique avec l'adoption de plus de 300 directives et règlements d'harmonisation législative ; en 1992, le traité de Maastricht crée la monnaie unique, l'euro, puis le traité d'Amsterdam (1999) élargit encore les compétences communautaires, en particulier aux questions de sécurité et de justice ; le traité de Nice (2001), quant à lui, modifie le fonctionnement des institutions pour tenir compte de l'élargissement.

Tout semblait prêt pour accéder à l'Etat fédéral avec le traité constitutionnel de 2005. Mais ce fut l'échec du référendum en France. Même les Pays-Bas l'ont rejeté, avec plus de 60% de Non, alors que les Néerlandais passaient pour être les plus europhiles !

La France et l'Allemagne firent alors adopter le traité de Lisbonne, copié-collé du traité constitutionnel, mais en renonçant aux dispositions fédérales les plus manifestes comme le drapeau, l'hymne, la devise, et surtout en cantonnant l'Union européenne dans la catégorie des Organisations internationales, sans qu'elle ait la compétence d'un Etat.

A ce titre, il convient de citer la décision de la Cour fédérale de Karlsruhe du 30 Juin 2009 qui a posé des conditions extrêmement restrictives à la loi autorisant la RFA à ratifier le traité de Lisbonne.

Ces conditions peuvent être résumées ainsi :
- Il n'y a pas de peuple européen mais un peuple allemand, un peuple français, un peuple italien…
- Le Parlement européen n'est pas un organe démocratique, car il n'exprime pas la souveraineté des peuples et plus particulièrement du peuple allemand,
- Seuls, les Etats ont la compétence de la compétence qui est donc déniée à l'Union européenne. Rappelons que la compétence de la compétence est la capacité pour l'Etat de créer les actes juridiques supérieurs comme une constitution, ou pour les Etats de créer une nouvelle organisation internationale.

En tout état de cause, pour la Cour fédérale allemande, le dernier mot doit appartenir au peuple allemand, c'est-à-dire à la Diète fédérale.

Sans être aussi prolixe – l'arrêt allemand comporte près de 70 pages – , le Conseil constitutionnel a précisé dans sa décision du 20 décembre 2007 que l'ordre juridique communautaire est intégré à l'ordre juridique français au sommet duquel est placée la Constitution française, norme suprême.

En clair, le Conseil constitutionnel adopte la même position que la Cour fédérale allemande : l'Union européenne ne saurait aller contre la Constitution française, c'est la réserve de constitutionnalité.

Quel jugement porter sur l'Europe ?

Mais au-delà des questions juridiques, quel jugement porter sur la construction européenne ?

Relevons tout d'abord que ce n'est pas l'Europe qui a créé la paix ; c'est la paix qui a permis de faire l'Europe.

En réalité, tout s'est joué au sein du peuple allemand, qui a pris conscience qu'il devait vivre autrement avec ses voisins. Il s'est produit une véritable révolution culturelle des Allemands qui n'avait pas eu lieu en 1918. L'une des causes principales à ce changement réside dans le fait que qu'ils ont été vaincus par l'Amérique, pays dans lequel les Allemands ont toujours vu une Allemagne qui a réussi. Les Allemands sont encore en 2010 le peuple européen le plus nombreux dans les émigrants ayant forgé les Etats-Unis.

La construction européenne a eu d'indéniables effets positifs sur les Etats et les peuples européens. Elle a fait sortir les pays européens de l'économie de guerre avec son cortège de réglementations rétrogrades. La mise en place du marché commun dès 1958-1959 a donné un coup de fouet aux économies de la vieille Europe et accéléré la reconstruction et la modernisation du continent au cours des Trente Glorieuses les bien-nommées. L'instauration d'une grande politique de soutien aux marchés, la Politique agricole commune, a également accéléré la transformation de nos campagnes.

La France a directement bénéficié de la mise en place de la PAC et de l'ouverture des frontières, mais, comme toute entreprise humaine, la construction européenne, après cette fabuleuse ascension, va changer de nature.

Le traité de Rome avait institué une communauté des peuples européens. Il plaçait sur le même pied la France, la RFA, l'Italie, quelle que soit leur population.

Sous la pression des fédéralistes, bien relayée par les fonctionnaires de la Commission et une Cour de Justice aux décisions téléologiques, la Communauté évolue vers plus de fédéralisme.

Dans les années quatre-vingts, l'Acte unique permet de faire adopter 300 directives et règlements au nom de l'harmonisation législative et transforme le marché commun en marché unique.

Fort de ces textes, la Commission européenne, sur le fondement de l'article 235 du traité de Rome et de l'arrêt AETR de 1971, accapare de nombreuses compétences supplémentaires. En vertu de cet article, « *si une action de la Communauté apparaît nécessaire pour réaliser dans le fonctionnement du marché commun l'un des objets de la Communauté, sans que le présent Traité ait prévu les pouvoirs d'action requis à cet effet, le Conseil, statuant à l'unanimité sur proposition de la Commission et après consultation du Parlement européen, prend les dispositions appropriées.*»

La Commission accroît ses compétences au détriment des Etats, le droit communautaire devient omniprésent dans la hiérarchie juridique, et représente jusqu'à 70% du droit français. Près de mille règles juridiques sont moulinées chaque année par la machine bruxelloise.

Puis avec la création de l'euro, les Etats perdent leur

souveraineté monétaire.

Il a fallu l'échec du traité constitutionnel pour que l'on parle à nouveau de subsidiarité et de proportionnalité aux termes desquels ne doivent être édictés de règles communautaires que si elles sont nécessaires et si les Etats pris individuellement ne peuvent résoudre la question.

L'état de l'Union Européenne

Manifestement, l'Union européenne est atteinte d'obésité, ce qui entraîne sa paralysie.

Avec vingt-sept Etats et sans doute bientôt trente du fait de l'entrée des derniers pays issus de l'ancienne Yougoslavie, l'Union Européenne est devenue une organisation lourde dont la prise de décision nécessite de longs mois de négociations interminables. On le voit aujourd'hui avec les questions agricoles : la France se bat depuis près de deux ans pour l'adoption d'un dispositif qui permettrait de stabiliser les prix agricoles et notamment le prix du lait.

La présidence française de l'Union européenne en 2008 corrobore a contrario ce constat. Le président de la République, lors des crises géorgiennes et plus tard lors de la crise financière, a bousculé les règles et agi en redonnant aux Etats le pouvoir face à la paralysie communautaire ;

La mise en place d'un service diplomatique de l'Union européenne, le Service Européen d'Action Extérieure (SEAE), est une gageure dont il est utopique de croire qu'il pourra exprimer une politique diplomatique cohérente en dehors de points secondaires. Ni la France, ni l'Allemagne et encore moins l'Angleterre ne souhaitent être chapeautées par un service de ce type dans les relations internationales.

Les différends franco-allemands sur la crise financière et l'euro ne sont pas de nature à nous rassurer.
Toutefois, il convient de ne pas jeter le bébé avec l'eau du bain. L'Union européenne devra se réformer, en profondeur, s'en tenir à l'essentiel pour assurer les missions d'une organisation régionale : l'Europe s'est élargie, elle doit désormais s'amaigrir.

Elle ne sera jamais un acteur en tant que tel de la scène internationale, « l'Europe puissance » relève du mythe.

Relevons enfin qu'aucun de nos partenaires européens ne souhaite bâtir une défense européenne. Cela est d'ailleurs inscrit expressément dans l'article 42-7 du traité de Lisbonne qui stipule : « *Les engagements et la coopération en matière de Politique Européenne de Sécurité et de Défense (PESD) demeurent conformes aux engagements souscrits au sein de l'Organisation du Traité de l'Atlantique Nord, qui reste, pour les Etats qui en sont membres, le fondement de leur défense collective et l'instance de sa mise en oeuvre* ».

Le projet français qui prétend construire une défense européenne distincte de l'OTAN est mort-né.

A ce stade, il est évident que l'Union européenne, au-delà des discours officiels trop répétitifs pour être crédibles, n'est pas un véhicule efficace, capable de réagir rapidement face aux crises qui ne manqueront pas de venir.

La réalité du pouvoir européen passera de plus en plus de

l'Union aux quelques Etats qui, tels la France, l'Allemagne, le Royaume-Uni disposent des moyens économiques, politiques et militaires pour conduire une politique étrangère. Le reste n'est qu'idéologie. L'Union européenne restera une organisation régionale, sans être un acteur mondial.

Vers un système européen

L'Union européenne va poursuivre son élargissement en intégrant progressivement les derniers Etats nés de la dislocation de la Yougoslavie (Croatie, Macédoine, Bosnie-Herzégovine, Kossovo, Monténégro et Serbie). Il n'en demeure pas moins qu'elle n'intégrera ni l'Ukraine ni la Turquie pour des raisons de politique internes à plusieurs Etats européens.

En revanche, sur le plan géostratégique, la Russie, la Turquie, l'Ukraine font partie d'un équilibre européen incontournable. Ce serait une faute que de l'ignorer.

Face aux problèmes de gouvernance interne de l'Union européenne, à la multiplicité des procédures nécessaires à la prise de décision, il est vraisemblable que l'avenir du continent ne pourra être assuré que par l'élaboration d'un système européen fondé, sur le modèle de l'Organisation de la sécurité et la coopération européenne (OSCE), sur un Pacte des nations regroupant l'ensemble des pays d'Europe.

L'OTAN

La France a signé le traité de Washington le 4 avril 1949 instituant l'Alliance atlantique destinée à contrer les menaces du bloc soviétique.

L'article 5 est la clef de voûte du traité et précise qu'une attaque portée contre l'une des Parties au traité sera considérée comme une attaque dirigée contre toutes les Parties, ce conformément au droit de légitime défense, individuelle et collective, reconnue aux Etats par l'article 51 de la Charte des Nations unies.

En 1966, le Général de Gaulle quitte l'organisation intégrée de l'OTAN devant le refus des Américains de faire évoluer l'Alliance et son commandement. En 2008, la France retourne dans l'Organisation intégrée, sans pour autant rejoindre le Comité nucléaire.

Cette décision n'a pas de réelle portée technique car depuis sa sortie du Commandement intégré de l'OTAN, la France a entretenu des relations constantes avec ses alliées sur le plan militaire, conformément à l'accord Ailleret-Leimnitzer de 1967. En revanche, elle a une portée diplomatique essentielle.

L'OTAN est une machine au logiciel américain, totalement dans la main de Washington. De surcroît, le *nouveau concept stratégique* de l'OTAN soulève de multiples problèmes, dans la mesure où les Américains voudraient que l'OTAN devienne une structure d'intervention planétaire. Il y a un risque de voir cette organisation se transformer en gendarme du monde pour faire face aux nouvelles menaces mondiales.

Le document OTAN 2020 du groupe d'experts pour un nouveau concept stratégique de l'OTAN précise ainsi que la *« préférence sera donnée à une approche globale combinant éléments militaires et éléments civils »*.

Il ne fait aucun doute que l'OTAN est la première organisation politico-militaire en Europe, à laquelle nos partenaires européens ont aliéné leur défense.

Au delà des mécanismes propres de l'Alliance du traité de Washington, il n'est pas excessif de considérer que cette structure constitue une mainmise des Américains sur l'Europe.

Le multilatéral

L'ONU, les organisations internationales répondent à de réels besoins d'une société internationale qui progresse à pas lents.

Ces besoins naissent de l'interdépendance croissante entre tous les acteurs du monde global, les Etats, les ONG, les entreprises, les syndicats...

Toutefois, l'élaboration des règles, des normes visant à mettre en place un ordonnancement logique, responsable et contrôlé est plus que laborieuse ; il est vain d'espérer que cela sera réalisé en quelques années seulement tant les antagonismes sont réels, les conceptions divergentes.

A titre d'exemple, l'élaboration de règles communes au monde de la finance pour réguler cette jungle est en cours depuis plus de deux ans, et elle est loin d'être achevée.

Toutefois, la mise en place du G20 sous l'impulsion de la France et du président de la République revêt une signification importante, préfigurant une gouvernance internationale globale naissante.

Certains sourient à cette dernière évocation, voyant dans le

G20 un nouveau « tapis vert » digne de la SDN ou de l'ONU pour divertir les opinions publiques et sans réelle influence sur la marche des événements. Ce jugement est injuste car le G20 regroupe les 20 principaux Etats de la planète hors desquels rien ne pourrait évoluer. Sa création est déjà un succès.

L'Etat-nation

Après l'Union européenne, l'Alliance atlantique, le cadre multilatéral, il faut se rallier aux évidences : seul l'Etat-nation demeure le véhicule le plus crédible pour agir sur la scène internationale.

Il détient en lui-même tous les ingrédients pour l'action, la cohérence politique, la centralisation des décisions, la rapidité des prises de décision. Il existe aujourd'hui 192 Etats sur la planète, qui constituent l'ordonnancement de base de la scène internationale même s'ils sont concurrencés par beaucoup d'autres acteurs.

En tout état de cause, ils sont les seuls à détenir la légitimité pour créer et imposer des règles capables d'instituer un ordre juridique et politique mondial ; de leur entente, de leur coopération ou de leurs désaccords peuvent naître le progrès de l'humanité ou des conflits.

COMMENT AGIR ?

Il est incontestable que l'instrument de notre action en politique étrangère doive être l'Etat ; encore faut-il définir les méthodes d'action.

L'action diplomatique s'effectue de deux manières :
- l'action bilatérale
- les actions multilatérales à travers les organisations internationales.

La France dispose de ces deux moyens.

En 2009, l'APD française s'établit à 9 milliards d'euros environ dont 55,7% d'aide bilatérale et 44,3% d'aide multilatérale. Notre action en matière de coopération et d'aide au développement constitue un instrument privilégié d'influence.

Sur ce plan, la France a une préférence pour l'aide multinationale au motif que sa contribution ajoutée à celle des autres serait ainsi plus efficace. Cette position a été constamment défendue par le ministère des Finances ainsi que par les tenants du multilatéralisme, qualifié au Quai d'Orsay de diplomatie des paresseux... Les meilleurs de nos diplomates se dirigent vers les cercles du multilatéral (ONU, Bruxelles, OTAN), ignorant le bilatéral dans leur cursus professionnel.

Cette situation qui privilégie les actions multilatérales est cependant directement contraire à toute stratégie d'influence :

- L'aide française est rendue anonyme dans le pot commun de l'aide multilatérale qui s'effectue au nom du PNUD (programme des Nations unies pour le développement) ou du FED (Fond Européen de Développement) avec notamment les Accords de Yaoundé, de Lomé et de Cotonou. Nous perdons ainsi un outil précieux d'influence.
- Pis encore, notre contribution peut parfois financer

des interventions américaines ou d'autres pays qui répondent à des appels d'offres internationaux comme cela se produit régulièrement au niveau européen.

Il faut privilégier la voie bilatérale et réaffecter nos crédits dans les actions de coopération bilatérale.

Henriette Martinez, députée, qui a été chargée par le premier ministre d'une mission sur l'aide publique au développement française et l'analyse des contributions multilatérales, parvient aux mêmes conclusions dans un rapport remis au premier ministre en juillet 2009 : la France doit rééquilibrer ses efforts sur l'aide bilatérale.

Mais l'action multilatérale comporte d'autres inconvénients.

L'UPM

L'Union pour la Méditerranée est née d'une initiative française portée par le président de la République. C'est un excellent projet dont les objectifs sont de développer les relations entre les Etats riverains de la Méditerranée du Nord et du Sud.

Initialement, l'UPM ne devait concerner que les Etats riverains de la Méditerranée, ce qui contribua à provoquer l'hostilité de l'Allemagne. Afin de ne pas mettre en péril la présidence française de l'Union européenne, Paris accepta de replacer l'UPM dans le processus de Barcelone dont l'échec est, pourtant, avéré. Le processus de Barcelone est, en effet, un programme d'aide européen dont la lourdeur et la complexité ont réduit grandement les ambitions.

Indépendamment de procédures décisionnelles lourdes et

inadaptées, le processus multilatéral fonctionne comme un piège politique. En l'occurrence, l'Union pour la Méditerranée n'y a pas échappé.

Grâce à l'entregent et à la force de persuasion du Président de la République, la France a réussi à intégrer dans l'UPM tous les Etats riverains de la Méditerranée, sauf la Libye ; ce fut le succès de la Conférence qui s'est tenue à Paris le 13 juillet 2008 où l'on vit le président syrien Bachir El Assad côtoyer les Israéliens.

Malheureusement, c'était sans compter les nouveaux événements du Proche-Orient et la guerre de Gaza qui a porté un coup sérieux à l'UPM
C'est un fait, un organisme multilatéral surtout régional ne peut bien fonctionner qu'avec un minimum d'entente entre tous les membres. En l'occurrence, en raison des haines entre les protagonistes, les pays arabes refusent de coopérer avec Israël coupable à leurs yeux de terrorisme d'Etat ; en retour, Israël accuse les pays arabes de soutenir le Hamas de Gaza, mouvement terroriste.

Le mécanisme multilatéral de l'UPM s'en trouve bloqué ou largement atteint. Une telle démarche fonctionne comme un piège et paralyse des projets dont l'intérêt est pourtant évident pour la Méditerranée.

Il existe une alternative, celle d'une action multi-bilatérale. La France a le privilège, en effet, de pouvoir dialoguer et coopérer avec tous les Etats de la Méditerranée pour mener des projets économiques ou politiques dont la visibilité serait ainsi assurée.

Une règle pivot : la réciprocité

La réciprocité est l'un des fondements des relations internationales et surtout le rappel à la sagesse pour certains Etats ou dirigeants qui se croient tout permis. Or ce n'est pas toujours un concept défendu naturellement par notre diplomatie ou certains politiques qui craignent l'escalade. C'est là une attitude perçue par la partie adverse, la plupart du temps, comme une faiblesse et une invitation à fouler aux pieds maints principes.

A titre d'exemple, il n'est pas acceptable que des Etats et leurs ressortissants soient propriétaires en France et interdisent à nos ressortissants de l'être chez eux. Le cas est fréquent. D'autres Etats vont imposer un parrain local, une prise de participation dans l'entreprise créée chez eux par des étrangers alors qu'ils peuvent le faire librement en France. De même, certains de nos concurrents ont un accès libre à nos marchés publics alors qu'eux-mêmes dressent toutes sortes de barrières à la pénétration des leurs.

Pour ma part, je suis depuis toujours un ardent défenseur de la réciprocité, il est à la base du principe de responsabilité et de loyauté qui devrait régir toute relation humaine et étatique. A bon entendeur, salut !

La voix de la France

La France dispose d'un outil diplomatique sans pareil avec 162 ambassades, 17 représentations permanentes, 23 ambassadeurs itinérants. Elle possède un réseau consulaire qui couvre la planète : 96 consulats, 130 sections consulaires d'ambassades, 504 agences consulaires. Le réseau de coopération et d'action culturelle de notre pays, quant à lui, compte 154 services de coopération et d'action culturelle (SCAC), 147 instituts et centres culturels, 27 instituts français de recherche à l'étranger (IFRE), 228 Alliances françaises soutenues par le ministère et 253 établissements scolaires français à l'étranger.

Le gouvernement dispose ainsi d'un réseau d'information de première main sur la marche du monde. Ce réseau est servi par des diplomates d'une très grande qualité, reconnue par tous. Ce n'est pas un hasard si nombre d'entre eux occupent des postes de premier plan dans les organisations internationales.

Il existe aujourd'hui une grave crise de confiance au sein du ministère des affaires étrangères, en raison d'une politique déflationniste des moyens qui a débuté en 1990 et met en péril l'outil diplomatique au moment où la France va en avoir le plus besoin.

Mal défendus par les ministres successifs, nos diplomates ont le sentiment que leur travail est au mieux ignoré, au pis méprisé.

Cette situation n'est pas acceptable. La France doit renforcer son outil diplomatique, c'est dans l'intérêt national face aux aléas d'un monde de plus en plus chaotique.

Une double action doit être menée :

- le renforcement des moyens budgétaires. En 2009, le budget des affaires étrangères s'élevait à 2,5 Milliards d'euros, à peine 1% du budget de l'Etat. Quelques centaines de millions d'euros supplémentaires permettraient à la France de renouer avec une politique d'influence culturelle d'envergure dont les retombées économiques serait appréciables pour notre pays.

- mais le poids des affaires étrangères est aussi une question politique. Ce ministère régalien par nature doit être dirigé par un politique doté d'une réelle assise politique et bénéficiant de l'écoute permanente du chef de l'Etat.

C'est une nécessité si l'on veut donner une réelle portée à la voix de la France.

4

Nos priorités strategiques

> « *Le Tout-Puissant dans sa sagesse infinie n'a pas cru bon de créer les Français à l'image des Anglais...* »
>
> Winston Churchill

A ce stade de la réflexion, d'aucuns sans doute lanceront à la manière de Rastignac avec un brin d'ironie : « A nous deux la Planète ! ».

La France est une grande puissance, certes, mais comme toute grande puissance, elle se heurte à des limites.

En conséquence, il nous faut savoir opérer des choix, même et surtout dans une approche globale. Notre réflexion doit être tous azimuts. En revanche, nous devons éviter les dispersions, hiérarchiser nos priorités, sérier nos combats en fonction de la nature des enjeux.

La France, membre permanent du Conseil de sécurité des Nations unies

C'est un point majeur de notre rang et de notre action, sa remise en cause n'est pas négociable. Cela implique que la France maintienne sa capacité militaire, nucléaire et balistique à un haut degré de crédibilité.

Transférer ce siège à l'Union Européenne serait du suicide avec la certitude de l'inefficacité. Personne, au demeurant, ne conteste la place de la France au Conseil de sécurité. Ses participations aux forces militaires de maintien de la paix dans le cadre des décisions du chapitre VII de la Charte, sont appréciées et reconnues par tous.

De cette position, la France a un regard mondial qui lui permet de peser autant que faire se peut sur la marche des enjeux globaux.

La seule question qui se pose au Conseil de sécurité est celle de son élargissement. Il est inéluctable. L'entrée de plusieurs pays émergents est même souhaitable pour que cette institution garde sa crédibilité et sa légitimité.

Il est vraisemblable que le Conseil puisse s'élargir sur le modèle du G20 à quelques membres près.

Les zones de la diplomatie d'influence

Nous ne pouvons avoir une présence politique, c'est-à-dire militaire, en définitive, de la même manière sur toute la planète. En revanche, nous pouvons avoir partout ou presque des actions d'influence commerciales, économiques et culturelles, et ce d'autant plus que ces trois volets sont complémentaires et à l'origine de synergies. Une présence culturelle active n'est pas hors de prix, et peut être une stratégie gagnante pour nos entreprises.

Le partenariat public-privé dans ce domaine doit être

encouragé. De la même manière, les expatriés et les entreprises peuvent financer sans difficulté les frais d'écolage des lycées français à l'étranger pour les lycéens français. Il faut revenir de manière progressive sur la prise en charge par le budget de l'Etat de ces frais de scolarité pour les affecter à notre action culturelle. Chacun y gagnera.

Cette diplomatie d'influence doit être le choix dans les zones lointaines, les Amériques, l'Asie dans sa totalité, l'Australie. Un Secrétaire d'Etat aux Affaires Etrangères doit recevoir la mission de parcourir ces zones.

Les zones stratégiques

Ce sont les zones dans lesquelles nous devons avoir tous les moyens d'intervention politiques, militaires, économiques, et bien sûr culturels. Ces zones sont ou nombre de trois : l'Afrique, la Méditerranée élargie à la région du Proche et Moyen-Orient, l'Europe.

L'Afrique est un continent que nous avons à tort délaissé.

Il faut repousser la tentation de « larguer » l'Afrique qui, pour certains, coûterait trop cher, serait source d'ennuis et de polémiques sur la « Françafrique », parangon de la corruption, voire du soutien aux dictatures.
La réalité est tout autre. On n'ignore pas un milliard d'hommes, bientôt un milliard et demi à 2 heures d'avion de Paris !
L'Afrique doit redevenir une priorité absolue de notre action extérieure. Nous ne pouvons pas laisser la place aux

Chinois, lesquels ont d'ores et déjà acheté 10 millions de terres agricoles et multiplié les investissements miniers, voire aux Américains dont le jeu à notre égard, notamment au Rwanda, est loin d'avoir été clair et amical.

Notre action de coopération bilatérale doit s'y engager pleinement pour aider ce continent, dans notre propre intérêt. L'accent doit être également mis sur les actions de coopération militaire, en recul dangereux. En effet, il est indispensable de reconstruire les appareils d'Etat dans de nombreux pays. C'est à partir de ce qui reste d'organisation de l'armée qu'il faut agir.

A défaut d'un véritable Plan Marshall sur l'Afrique, ce continent déstabilisera l'Europe tout entière en raison de ces crises répétées, et d'une démographie galopante (43% des Africains subsahariens ont moins de 15 ans), provoquant des vagues d'immigration et des actions terroristes. La nécessité de stabiliser l'Afrique est devenue la priorité des priorités.

L'Afrique doit passer avant l'Afghanistan. Nous n'avons rien à faire à Kaboul !

La Méditerranée, le Proche et le Moyen-Orient

Tout comme l'Afrique, la zone méditerranéenne et moyen-orientale est un monde à notre porte.

La France doit relancer sa politique arabe. L'initiative du président de la République de renouer avec la Syrie a été heureuse, en dépit des critiques américaines. On pourra lira à ce sujet le rapport de l'Assemblée nationale « Quels chemins pour Damas? » auquel l'auteur de ces lignes a participé.

Au Proche-Orient, les acteurs locaux ont toujours été les terroristes des autres. En conséquence, il ne s'agit pas de prendre parti pour l'un ou pour l'autre, mais d'agir avec ténacité pour trouver des solutions sur les bases suivantes :
- sécurité d'Israël
- création d'un Etat palestinien viable avec le démantèlement des colonies.

Dans toute cette zone, la France doit amplifier sa présence culturelle et universitaire.

L'apprentissage en France de la langue arabe doit être une priorité, non réservée aux fils des immigrés.

C'est par la connaissance avancée de ces pays, que nous sommes en voie de perdre aujourd'hui, que nous pourrons rétablir notre présence et, au besoin, nous opposer aux dérives radicales et terroristes de l'Islam.

Pour l'Afrique, la Méditerranée, le Proche et Moyen-Orient, la France doit impérativement prendre ses distances vis-à-vis de la politique américaine qui a été dévastatrice, provoquant une montée de la haine de l'Occident et du terrorisme.

Le problème majeur de ces pays est la démographie qui ruine par sa croissance rapide tout espoir de stabilité : à titre d'exemple, l'Egypte en 1995 avait une croissance d'1 million d'habitants par an ; en 2010, cette croissance est de 1,3 million. Le Nigéria comptait, en 1980, 80 millions d'habitants, aujourd'hui il en compte 170 millions.

Nous devons mettre sur pied des actions volontaires de

contrôle des naissances, sans lesquelles les catastrophes démographiques et politiques annoncées sont inéluctables. Il ne suffit pas de compter sur l'élévation du niveau de vie pour que ces pays entrent en transition démographique ; c'est une vue des années soixante !

L'Union européenne, l'Europe

L'Union européenne tout d'abord

C'est délibérément que ce continent est cité en 3e position des zones prioritaires. Tout simplement parce que l'Europe est faite ! Il est vain de dire qu'il faut faire avancer l'Union européenne. Il s'agit-là d'un vœu pieux. L'U.E. a atteint et même dépassé son organisation optimale possible.

Elle est d'ailleurs entrée dans une crise qui va durer plus de dix ans et qui ne sera en rien réglée par le traité de Lisbonne.

Après la volonté du mouvement fédéraliste de passer en force, on assiste à un retour des Etats dans la gouvernance de l'Union. Ce retour est nécessaire car il correspond à la réalité sociologique, culturelle et politique de l'Europe.

La grande faute des fédéralistes est d'avoir voulu construire une organisation contre les Etats-nations, tentative vouée à l'échec. L'attitude de l'Allemagne est probante à cet égard : elle est passée d'une sorte d'euro-béatitude à la défense première de ses intérêts, affirmant sans ambages, par la voix de sa chancelière, lors de la crise de l'euro que certains Etats devaient sortir de la devise européenne et qu'elle ne paierait pas. La messe est dite !

Mais ce retour des Etats pour maintenir la coopération régionale européenne, qui reste nécessaire, impose également à l'Union une cure d'amaigrissement. Une union à bientôt trente Etats doit s'en tenir à l'essentiel, et ne traiter que des questions qui concernent le continent, le reste redevenant des compétences nationales.

L'Union européenne pourrait traiter :
– des règles du marché intérieur comprenant les règles de concurrence, et l'introduction d'une politique industrielle qui fait défaut aujourd'hui,
– des règles d'environnement pour ce qui concerne les enjeux globaux ; il ne s'agit pas de savoir si tel ou tel pays traite sa pollution par des réseaux d'eau séparés ou non !
– de la PAC , seule politique qui temporise les marchés,
– de la coordination économique et monétaire sous le contrôle du Conseil européen regroupant des chefs d'Etat et de gouvernement.

Quant à l'euro, il a montré ses limites lors des crises grecque, espagnole et portugaise, en raison de l'absence de zone économique optimale. Son avenir est incertain.

Dans une Europe à bientôt trente Etats, il est probable qu'il conviendra de revisiter les principes fondamentaux et notamment, la libre circulation et le droit d'établissement. On a d'ailleurs oublié que ce fut Romano Prodi, socialiste, ancien Président de la Commission européenne, redevenu président du Conseil en Italie, qui a posé la question, iconoclaste, d'une remise en cause de ces principes face à l'arrivée massive… des Roms.

Dans ces conditions, une fois l'Union européenne

transformée en une Union d'Etats capable de contrôler strictement les flux migratoires, la question des adhésions se posera alors d'une autre manière.

Quant aux rêves d'une défense européenne et d'une « Europe puissance », c'est le rocher de Sisyphe. Il est curieux de constater qu'il s'agit d'un thème récurrent en France mais qui ne fait guère débat ailleurs. Bien plus, nos partenaires ne voient pas de salut en matière de défense hors l'OTAN. Dès lors, le fameux aphorisme *« mes partenaires européens sont pour l'OTAN, je suis pour une défense européenne, je rallie mes partenaires européens à une défense européenne »* fait sourire.

Il existera une défense en commun de l'Europe, fondée sur des armées nationales, mais il est vain d'espérer autre chose. On se reportera, à ce titre, à l'ouvrage de Jean-Dominique Merchet : « Défense européenne, la grande illusion » (2009).

L'Europe ou l'Union

L'Union européenne, ce n'est pas l'Europe, on a trop tendance à l'oublier.

L'Europe, ce n'est pas non plus l'axe franco-allemand que d'aucuns voient comme le moteur de l'Union.

Certes, entretenir de bonnes relations avec Berlin est important, mais ramener de manière systématique tout à « la relation franco-allemande » - le singulier est devenu une manie ridicule- , est une faute, pour de multiples raisons.

Elle est une faute à l'égard des autres Etats européens qui se sentent légitimement marginalisés ; de plus courtiser tous les jours Berlin, de plus en plus sûr de ses droits et de ses vues, place la France en position de vassale méprisée. Pour s'en convaincre, il suffit de parcourir la presse allemande qui n'a de cesse de moquer avec une ironie cinglante « la grande nation ».

L'Europe va jusqu'à Moscou, c'est une évidence. La Russie est un partenaire essentiel pour la stabilité du continent et son développement. La France l'a heureusement compris et elle doit renforcer ses relations avec la Russie, même si la démocratie doit, il est vrai, encore y progresser.

Dans ces trois zones géographiques, l'Afrique, la Méditerranée avec le Proche-Orient et Moyen-Orient, et l'Europe, la France a les moyens d'agir seule ou avec ses partenaires. Mais dans tous les cas, elle n'a aucune raison de se cacher derrière des paravents. C'est à elle, et à elle seule de faire valoir ses idées, ses principes et de défendre ses intérêts.

Les défis d'une planète folle

Un extraterrestre viendrait-il à débarquer sur terre qu'il serait vraisemblablement frappé par les aspects chaotiques de notre chère planète. Il aurait sans doute le sentiment d'avoir découvert une planète folle.

Ses conflits se portent bien, on en dénombre des dizaines sur tous les continents ; de multiples questions sont en suspens : le développement économique, les incertitudes financières et monétaires, la raréfaction des ressources naturelles – eau, ressources fossiles..., le réchauffement climatique, le développement des pandémies, les querelles religieuses qui prospèrent et conduisent à des affrontements sanglants, la prolifération des armes.

Cet extraterrestre nouvellement arrivé aurait le sentiment que l'avenir immédiat de la planète risque fort d'être chahuté, et il aurait raison. Tant il est vrai que si la globalisation a rapproché les hommes, facilité les échanges, elle a aussi accru l'acuité des problèmes, développé les antagonismes, rapproché les haines.

La paix perpétuelle, chère à Kant, n'est pas pour demain, voilà une certitude.

Quels défis allons-nous devoir relever ?

Maîtriser les effets de la mondialisation

Du point de vue de notre extraterrestre, mettre un peu d'ordre dans la société internationale apparaîtra certainement comme une nécessité première. Prima facie, il ne fait pas de doute que les enjeux économiques – notamment la question de l'énergie avec la survenance d'un pic pétrolier et le renchérissement de son coût, celle des matières premières, de l'eau et de leur relative rareté – , les enjeux financiers et militaires comme la prolifération sont importants et créeront des tensions dans les années à venir.

Mais l'expérience a montré que les Etats, les organisations internationales sont à pied d'oeuvre dans ces domaines pour, sinon maîtriser, du moins atténuer les effets de ces dysfonctionnements. On a pu le constater lors de la crise financière : la coordination des Etats et des banques centrales de toute la planète a pu éviter le pire, sans pour autant extirper le mal à la racine.

Quant à la question de la prolifération qui occupe grandement les chancelleries occidentales, le conseil de sécurité des Nations-Unies, l'Agence internationale de l'énergie atomique (AIEA), il s'agit d'un sujet légitime de préoccupation mais n'oublions pas que l'atome rend sage, selon la formule du regretté général Gallois. On se reportera au rapport de la Commission des affaires étrangères « Les enjeux géostratégiques des proliférations » de MM. Boucheron et Myard de décembre 2009 qui remet en perspective les dangers réels des armes de destruction massives. Les armes nucléaires ne sont pas la menace la plus probable comparée aux risques terroristes avec le recours aux armes biologiques ou cybernétiques. La fragilité de nos sociétés, sur ce dernier point, est proprement terrifiante.

La mondialisation au regard de ces enjeux économiques, financiers et militaires produit des effets qui peuvent être contenus et maîtrisés, même si les obstacles ne manqueront pas sur le chemin !

Mais un autre défi, crucial, doit être relevé.

Un défi majeur : les flux migratoires

Les flux migratoires sont, sans conteste, le défi majeur de la planète dans les années à venir. Cette question concentre en elle-même tous les ingrédients de la situation internationale actuelle.

Les flux migratoires sont provoqués par un sous-développement chronique de certains pays, les pays africains, le Mexique, la désertification due au réchauffement climatique, les guerres, une croissance démographique forte, au delà de 2% par an, l'instabilité des institutions étatiques ou leurs défaillances. Ces facteurs se conjuguent souvent et sont démultipliés par la globalisation qui, grâce aux moyens modernes de communication, accélère la prise de conscience des problèmes et les amplifie.

Les flux migratoires ne sont pas nouveaux dans l'histoire de l'humanité : la poussée des barbares germains dès le 3e siècle et surtout au 4e siècle a abouti à la chute de l'Empire romain, les Mongols en Asie ont fait tomber des dynasties chinoises, les Turcs ont subjugué l'empire byzantin et pris Constantinople en 1453, quant aux Espagnols, ils ont fait périr l'Inca.

Aujourd'hui les mouvements de population sont une réalité qui peut être déstabilisante comme jadis ; ils s'effectuent, au demeurant, non seulement du Sud vers le Nord, les pays développés, mais aussi du Sud vers le Sud.

L'afflux important de populations étrangères dans un autre pays crée toujours des rejets ; c'est une constante de l'Histoire. Rien ne sert de fustiger la xénophobie des peuples qui accueillent contraints ou forcés les immigrés, les hommes ne sont pas des marchandises sans âme, ils sont d'abord des cultures. L'arrivée des immigrés a toujours provoqué un choc des cultures. Au 5e siècle, l'arrivée en Bretagne actuelle des Celtes chassés par les Saxons d'Angleterre a provoqué chez les Gaulois romanisés un rejet important alors qu'ils étaient aussi des Celtes ; l'arrivée des Polonais catholiques en 1919 dans le nord de la France a provoqué de multiples incidents tout comme le séjour des soldats américains en France après la Libération.

Pour la France et l'Europe, l'enjeu des flux migratoires en provenance d'Afrique constitue un défi majeur qui tient en trois chiffres : en 1950, l'Afrique comptait 250 millions d'habitants, en 2010 elle en compte plus d'un milliard, en 2040 elle en comptera entre 1,5 et 1,6 milliard. Dans le même temps, l'Europe, Russie comprise, est en dépression démographique.

L'ONU et l'OCDE estiment dans des études récentes que les flux migratoires vont concerner des dizaines de millions d'individus dans un avenir proche, ce qui constitue un effet déstabilisateur sans précédent.
Cette situation est explosive. La réponse n'est pas unique, elle commande :
- une fermeté accrue pour contrôler les frontières et reconduire les immigrés illégaux. L'angélisme des bonnes âmes et des zélateurs des droits de l'homme relève au mieux de la naïveté au pis de l'apprenti-sorcier.
- L'accroissement des aides à ces pays et la mise en place des programmes de contrôle des naissances.

A défaut d'une politique active de stabilisation du continent africain, l'émigration africaine créera de multiples conflits. C'est l'enjeu prioritaire des prochaines décennies.

Les questions internationales classiques : le conflit du

Proche-Orient

Hormis les problèmes liés à la mondialisation qui fait apparaître de nouveaux enjeux et aggrave certains phénomènes comme les flux migratoires, subsistent des questions internationales non résolues dont l'exemple le plus topique est fourni par le conflit du Proche-Orient. Ce conflit semble sans fin et surtout sans solution.

Il est d'ailleurs possible de se demander si chaque camp – israélien d'un côté, palestinien avec le soutien des pays arabes de l'autre – ne se satisfait pas d'une situation d'affrontement permanent, d'un conflit de basse intensité qui lui permet de rester soudé en stigmatisant le « terroriste » qui lui fait face.

Certes, nous devons poursuivre notre action de médiation, mais pour l'heure ne nous berçons pas d'illusions ! Même s'il nous faut poursuivre sans relâche les efforts diplomatiques pour rechercher la paix dans cette région du monde, il est vain de croire que la société internationale pourra résoudre ce conflit rapidement. Le plus important est qu'il soit circonscrit à cette zone sans gagner d'autres sphères.

La question des droits de l'homme

La question des droits de l'homme est devenue pour la France un enjeu international. Disons-le clairement, il n'est pas certain que ce soit pour notre pays un avantage réel. Pire, en n'ayant de cesse de mettre en avant la défense des droits de l'homme, de manière systématique et ostentatoire, la France a cristallisé des situations dramatiques plus qu'elles n'a oeuvré à les résoudre. Le sort, inchangé, du Tibet qui a été au coeur du débat au moment des Jeux olympiques de Pékin en août 2008 après la violente répression des émeutes tibétaines, le montre bien.

La nomination d'une secrétaire d'Etat aux droits de l'homme au ministère des affaires étrangères en 2007 a été interprétée par nombre d'Etats comme une volonté de la France de donner des leçons à la terre entière. Le président de la République est heureusement revenu sur cette décision.

« Les droits de l'homme, on est tous pour mais ce n'est pas une explication du monde » souligne à juste titre Max Gallo. Cette formule est heureuse car personne ne peut et ne doit ignorer la dimension humaine de la politique, intérieure ou internationale, mais il convient de se garder de faire des droits de l'homme une machine de guerre. Certains zélotes des droits de l'homme, si on les suivait, ferait la guerre à la planète entière au nom de la défense des droits de l'homme. Quel paradoxe !

Les droits de l'homme sont un domaine dans lequel rien ne sert de partir en croisade ; en revanche, il ne faut pas occulter cette question au nom même des valeurs et des principes que porte la République. Cette attitude est d'autant plus sage que la place de l'individu et ses droits propres varient d'une culture à l'autre. On peut le regretter, penser que notre conception des droits de l'homme est supérieure à toutes les autres et doit être reconnue de manière universelle. Peut-être, mais cette vision, d'autres peuples, d'autres civilisations ne la partagent pas.

Certains pays n'hésitent pas à nous rendre la monnaie de la pièce, comme on l'a constaté avec l'expulsion des Roms des camps illégaux. On a vu des dictateurs patentés – Fidel

Castro lui-même - s'indigner de l'action de la France et la critiquer vertement, trop contents de nous montrer du doigt.

Alors, faisons preuve d'un peu moins d'arrogance et de terrorisme intellectuel, notre message gagnera en efficacité.

5

LA COHESION DES EQUIPAGES

> « *Les hommes sont un même peuple lorsqu'ils ont une communauté d'idées, d'intérêts, de souvenirs et d'espérances.* »
>
> Fustel de Coulanges

Pendant la Seconde Guerre mondiale en Méditerranée, les Alliés craignaient la flotte italienne constituée de navires modernes et dont le tonnage était du double de la flotte anglaise, de surcroît vieillissante, les navires anglais modernes ayant été affectés à la « Home Fleet » dans la Manche pour garder l'Angleterre.

Contre toute attente, les Italiens furent battus sans coup férir ; ce n'est ni la modernité des navires, ni leur profusion qui firent la différence, mais la cohésion des équipages anglais.

La cohésion des équipages est la clé de voûte de toute entreprise humaine. En l'occurrence, la France ne pourra faire face aux coups de tabac qui s'annoncent sur la scène internationale qu'à la condition que les Français soient conscients que ce qui les unit est plus fort et plus important que ce qui les divise.

Il ne s'agit pas d'entonner la trompette de l'union sacrée face un ennemi imaginaire ou réel ! Il s'agit seulement de bien comprendre qu'être français, c'est partager des principes et des valeurs qui fondent, avec l'amour de la France, notre volonté du vouloir vivre ensemble au-delà des convictions de chacun.

Or, ces dernières années se sont manifestés de façon répétée des faits choquants qui montrent sans conteste un affaiblissement de notre vouloir vivre ensemble.

Les dérives communautaires

La Marseillaise sifflée, des jeunes de banlieue brandissant un drapeau étranger, brûlant le drapeau français et clamant haut et fort « la France algérienne », des groupes et individus en nombre croissant prônant le port du voile intégral, professant un prosélytisme religieux agressif et même violent, le refus de prendre les repas à côté de collègues de bureau qui mangent du porc, le refus d'être servi à la cantine de l'entreprise par des femmes portant des chemises à manches courtes et laissant ainsi apparaître leurs bras nus, le refus sur un stade d'un entraîneur de serrer la main d'une mère de famille venant chercher son enfant, le refus d'un joueur sportif de partager la salle de douche avec de non musulmans, le refus d'une femme de se laisser examinée à l'hôpital public par un praticien homme, tous ces faits sont réels et, loin d'être épisodiques, ils sont quotidiens sur notre territoire. Ils constituent une dérive communautaire dangereuse et inacceptable, grosse de conflits futurs.

Lors de la mission d'information sur le voile intégral, à laquelle j'ai participé, qui s'est tenue sous la présidence d'André Gérin, député communiste, la réalité de cette dérive a été constamment sous-jacente dans les témoignages des personnes auditionnées.

Seuls les utopistes aveugles, thuriféraires des droits de l'homme, enfermés dans leurs salons, peuvent nier cette réalité ou la minimiser ; cette attitude est d'autant plus dangereuse qu'elle se veut rassurante. « D*ormez braves gens, il n'y a rien de grave »*.

Elle ignore que les acquis républicains ne vivent que grâce à notre détermination et à la volonté permanente d'en entretenir la vitalité.

Quelle candeur ! Car les faits sont là, et contrairement à ce que pensent les tenants du politiquement correct, ce communautarisme ethno-religieux se développe dangereusement.

Samuel P. Huntington parlait du choc des civilisations ; ne nous y trompons pas, nous y sommes mais ô surprise, en France ! Nous avons, de surcroît, importé des conflits étrangers.

L'IMPORTATION DE CONFLITS INTERNATIONAUX

Les conflits internationaux ont toujours provoqué dans notre pays des parti-pris passionnés. La guerre civile espagnole a eu des répercussions profondes dans notre pays, suscitant longtemps après la fin de la guerre des affrontements sur le sol national, opposant les tenants de l'idéologie communiste aux partisans du fascisme. Il est donc vain de croire que la France peut vivre à l'abri d'une muraille et rester insensible à ce qui se passe hors de nos frontières.

Toutefois aujourd'hui, les conflits importés ne jouxtent pas le territoire national, ce qui lors du conflit espagnol entraîna l'arrivée massive de réfugiés qui se sont d'ailleurs parfaitement intégrés et ont souvent combattu avec la Résistance et les Forces Françaises Libres.

Le conflit du Proche-Orient traverse désormais avec acuité certains quartiers de nos villes, provoquant de vives tensions et obligeant des citoyens français de confession juive à quitter certains lieux sous la pression d'autres citoyens français. Ce n'est pas acceptable.

De surcroît, des citoyens français s'engagent militairement ou rejoignent les mouvements terroristes.

Dans ces conditions, la question de la double allégeance nationale se pose et il n'est en rien incorrect de la soulever. L'ignorer, c'est, au contraire, ouvrir la porte à toutes les déstabilisations possibles. Il est indispensable de réagir fermement.

POUR UNE RÉPUBLIQUE MILITANTE

Nous avons trop longtemps estimé que nombre de nos valeurs, de nos principes étaient des acquis incontournables, oubliant que *« chaque génération est un peuple nouveau »* pour reprendre l'expression de Tocqueville.

De plus, l'idéologie soixante-huitarde consacrant la suprématie des droits individuels souvent opposés à l'intérêt général a favorisé les dérives communautaires.

Nous devons donc réaffirmer nos principes :
– la laïcité : elle n'est pas tournée contre la foi de quiconque, mais elle ne peut tolérer que les préceptes

religieux veuillent s'imposer aux lois de la République
- l'égalité des sexes : c'est l'un des fondements du vouloir vivre ensemble
- le respect des emblèmes nationaux
- l'interdiction de toute manifestation et action politique d'un Etat étranger sur notre sol

Tout citoyen français possédant la nationalité d'un autre Etat, qui voterait en France dans les consulats étrangers pour des élections de cet autre Etat, doit être suspendu de l'exercice de ses droits de citoyen français.

Tout Français qui s'engage dans l'armée d'un pays dont il a, par ailleurs, la nationalité, en l'absence d'un accord international entre cet Etat et la France, doit être également suspendu de ses droits de citoyen français.

La même règle doit s'appliquer à l'égard de ceux qui s'engagent dans les mouvements inscrits sur la liste des organisations terroristes. On ne peut accepter la double allégeance.

Les critères pour la naturalisation doivent être renforcés au regard de la qualité d'intégration. Devenir français doit recouvrer l'assimilation de la culture française.

Ce sont là les règles minimales qui doivent s'appliquer pour éviter les dérives communautaristes qui se développent sur une base ethno-religieuse.
La République doit être ferme dans l'application de ses principes, tout manquement doit être sanctionné car toute loi sans sanction est méprisée.

On ne peut qu'être d'accord avec l'auteur de « l'Etrangeté française » Philippe d'Iribarne qui écrit en 2006 : *« Quand les identités instituées, associées à l'appartenance à une lignée, une Nation, une Eglise, un corps professionnel, et les formes d'insertion associées à ces identités s'effacent, les humains se regroupent autrement, pour se défendre ou pour attaquer, dans des bandes rassemblées autour d'un caïd, luttant pour le contrôle d'un quartier ».*

La balle, si l'on peut dire, est dans le camp de la République, dans notre camp. La bataille n'est pas perdue, car si les événements inadmissibles de la guérilla urbaine se produisent, ils doivent être fermement combattus, y compris par la force. Lorsque les tirs à balles réelles sont effectuées sur les forces de police, ces dernières doivent avoir les moyens d'une riposte efficace.

On ne doit pas oublier qu'une très grande majorité de Français d'origine étrangère s'est parfaitement intégrée et assimilée. Ils concourent directement à la richesse et à la grandeur de la nation.

La France est capable de relever le défi de l'assimilation, il est à notre portée. C'est une question de fermeté et de volonté nationales.

Conclusion

« *Vieille France accablée d'Histoire, meurtrie de guerres et de révolutions, allant et venant sans relâche de la grandeur au déclin, et redressée de siècle en siècle par le génie du renouveau.* »

Charles de Gaulle

Aujourd'hui comme hier, l'avenir de la nation dépend des Français eux-mêmes. Chaque génération doit exprimer sans faille sa volonté du vouloir vivre ensemble, fondement existentiel pour faire face et relever les défis du monde !

Dans ce monde global ouvert aux quatre vents, la France demeure, plus que jamais, notre communauté de destin. Elle est le cadre sociologique fondamental des solidarités, de l'identité collective et individuelle, le lieu naturel du débat d'idées, de la démocratie. Elle a la capacité économique, militaire, diplomatique, culturelle et politique de faire entendre sa voix et de tenir son rang.

Il n'y a aucune raison, en conséquence, de vouloir la faire disparaître pour la faire renaître dans une construction artificielle, prétendument plus grande mais largement utopique, vouée, du fait de de son hétérogénéité, aux antagonismes internes et à la paralysie.

Libre à elle de rechercher et de nouer les coopérations indispensables que l'interdépendance internationale exige.

La France a vocation à demeurer un acteur essentiel dans le concert des nations, une France exigeante dans la défense de ses intérêts, de ses principes pour le progrès de la communauté internationale.

Sans hésiter nous devons jouer la carte de la France. C'est notre atout !

L'HARMATTAN, ITALIA
Via Degli Artisti 15 ; 10124 Torino

L'HARMATTAN HONGRIE
Könyvesbolt ; Kossuth L. u. 14-16
1053 Budapest

L'HARMATTAN BURKINA FASO
Rue 15.167 Route du Pô Patte d'oie
12 BP 226
Ouagadougou 12
(00226) 76 59 79 86

ESPACE L'HARMATTAN KINSHASA
Faculté des Sciences Sociales,
Politiques et Administratives
BP243, KIN XI ; Université de Kinshasa

L'HARMATTAN GUINÉE
Almamya Rue KA 028
En face du restaurant le cèdre
OKB agency BP 3470 Conakry
(00224) 60 20 85 08
harmattanguinee@yahoo.fr

L'HARMATTAN CÔTE D'IVOIRE
M. Etien N'dah Ahmon
Résidence Karl / cité des arts
Abidjan-Cocody 03 BP 1588 Abidjan 03
(00225) 05 77 87 31

L'HARMATTAN MAURITANIE
Espace El Kettab du livre francophone
N° 472 avenue Palais des Congrès
BP 316 Nouakchott
(00222) 63 25 980

L'HARMATTAN CAMEROUN
Immeuble Olympia face à la Camair
BP 11486 Yaoundé
(237) 458.67.00/976.61.66
harmattancam@yahoo.fr

L'HARMATTAN SÉNÉGAL
« Villa Rose », rue de Diourbel X G, Point E
BP 45034 Dakar FANN
(00221) 33 825 98 58 / 77 242 25 08
senharmattan@gmail.com

656525 - Mai 2016
Achevé d'imprimer par